U0112119

大展好書　好書大展
品嘗好書　冠群可期

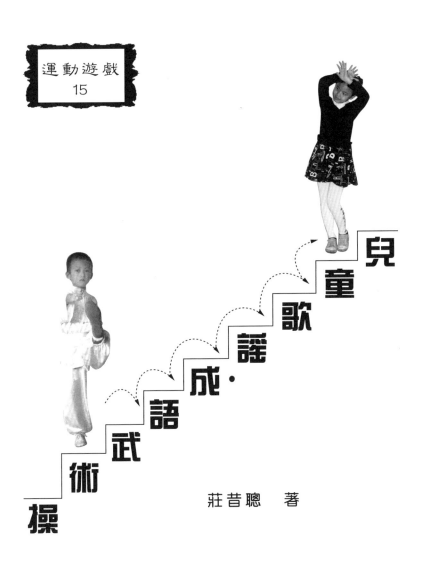

運動遊戲
15

兒童歌謠・成語武術操

莊昔聰　著

大展出版社有限公司

作 者 簡 介

　　莊昔聰先生，1982 年 2 月畢業於福建師大體育系並留校工作，現任華僑大學體育部教授、國家級武術裁判、福建省高校武協競賽部部長、福建省武協常務理事、泉州市武協副主席。

　　1989 年 3 月協同父親莊子深創辦了鯉城首家武術館──泉州劍影武術館，並擔任副館長和總教練。

　　1994 年 7 月創辦泉州首家文武學校──泉州劍影武術學校，任校長兼劍影武術館館長。學校在 1996 年榮獲首批「全國先進武術館（校）稱號」，1997 年獲「福建省先進武術館（校）」稱號，所教學生在全國性以及省級武術比賽中多次獲得團體冠軍，一百多人次獲得個人冠軍。

前　　言

　　《兒童歌謠・成語武術操》是《中國功夫操》系列之一。

　　中華武術與漢語成語同是中華五千年文明史上的璀璨明珠，都是中華民族傳統文化的重要組成部分，武術與漢語成語關係又十分地密切，傳統武術的許多招式都用成語來命名，如敗中取勝、一錘定音、棉裏藏針、投石問路、破斧沉舟、峰迴路轉等，可謂不勝枚舉。

　　在成語故事中也不難找到與武術相關的名人逸事，如：「圖窮匕首見」中講述的是俠士劍客荊軻刺秦王的故事；「聞雞起舞」講述了晉代愛國志士祖逖，舞劍練功，報效國家的事蹟；「飛簷走壁」更是直接形容武術技藝高超的人身輕如燕，能在屋簷牆壁上行走如飛。

　　可以說，成語與武術都是中國傳統文化中文、武兩個方面頗具特色的文化現象。

　　《兒童歌謠・成語武術操》就是以弘揚民族優秀文化為宗旨，寓教育於娛樂中，使兒童既能輕鬆學習民族優秀文化，又能達到強身健體的目的。成

語武術操就是把成語和武術這兩種文化融合在一起綜合運用，使中國古老的傳統文化能更好地為現代教育服務。從內容編排和表現形式上來看，它是一套包含著德育教育、智育教育、體育教育與美學教育等多方面教育內容的綜合操。

為適應兒童的年齡特點和生理特性，激發他們的學習興趣，又便於兒童記憶，成語武術操的文字被編寫成可以朗朗上口的兒童歌謠，並且運動量適中，科學合理。

歌謠強調兒童應該養成良好的生活習慣，遵守早睡—早起—疊被—刷牙—洗臉—做操的生活秩序，從小培養愛體育講衛生的品德。穿插在每四句成語間的簡短句子，不僅可以活躍運動氣氛，變換做操隊形，而且還可以樹立佇列概念，增強組織紀律性和團隊合作意識。

成語武術操共選用了十六個含有贊許意思的成語，按照成語頭一個字一、二、三……十、百、千、萬、十萬、百萬、千萬順序排列，前十句按一遞進，後按十倍進位，每句成語後都用三個字簡明扼要地解釋成語的意義。也許兒童對成語的真正含義還不甚理解，但長期的潛移默化教育會幫助他們綜合素質的形成和提高。此外，有規律的數字排列不僅便於記憶、便於誦讀，同時也能給兒童提供一些數學上趣味性和邏輯性的感悟。

　　根據詞義，在動作的編排上，我們不僅選擇了較易為兒童模仿掌握、簡單形象而又頗具武術獨特風格的基本動作，而且還融合了戲劇、舞蹈等藝術手法，使武術操更優美、更生動活潑，深受兒童們的喜愛。

　　用武術的形體語言來表述成語的詞義，並在優美的旋律和歡快歌謠的藝術氛圍中操練，使武術和成語相輔相成、相得益彰，使兒童在學習《兒童歌謠‧成語武術操》時既能學到文化知識，又能在愉悅、輕鬆的環境中得到體能鍛鍊和美的享受，從而提高兒童的全面素質。

目　錄

一、兒童歌謠武術操

歌　謠

　　大公雞你不要叫，早睡早起我做到。疊被刷牙洗洗臉，運動場上蹦蹦跳。踢踢腿來伸伸腰，做做成語武術操。發展德智體美勞，練好體魄最重要！
　　一、二、三，三、二、一，挺挺胸部站站好，邊唱邊做實在妙！實在妙！

（一）動作圖解

預備姿勢

　　併步直立。（圖1-1 -1）

圖 1-1-1

圖 1-1-2

1. 大公雞(1)你(2)不要(3)叫(4)

（1）右手叉腰，左臂屈肘，左手前上舉，五指張開，用拇指尖抵住前額，掌心向右。目平視正前方。（圖 1-1-2）

圖 1-1-3

　　上動不停，左腿屈膝抬起，高同腰齊，上體稍後仰。目視前上方（仿雞叫）。（圖 1-1-3）

圖 1-1-4

　　上動不停，左腳落至右腳內側，兩腳併攏，屈膝略蹲，稍含胸低頭。（圖 1-1-4）

　　（2）左腿直立，右腿屈膝抬起，高同腰齊，上體稍後仰。目視前上方（仿雞叫）。（圖 1-1-5）

　　上動不停，右腳落至左腳內側，兩腳併攏，屈膝略蹲，稍含胸低頭。（圖 1-1-6）

圖 1-1-5

圖 1-1-6

圖 1-1-7

（3）動作同（1）。
（圖 1-1-7、8）

圖 1-1-8

圖 1-1-9

（4）動作同（2）。
（圖 1-1-9、10）

圖 1-1-10

圖 1-1-11

2. 早睡早起(1)我做到(2)

（1）身體直立，兩臂體前交叉，五指張開，左手在前，掌心向內，目視前方。（圖 1-1-11）

上動不停，兩掌繼續向前、向後翻轉，上舉至頭上方仍成交叉，右掌在前，兩掌心斜向下。同時兩腿左右交替屈膝（微屈），兩腳交替提起腳跟，配合腰胯左右擺動，身體重心隨之左右晃動，頭部緊密配合向左右傾擺。（圖 1-1-12～15）

圖 1-1-12

圖 1-1-13

圖 1-1-14

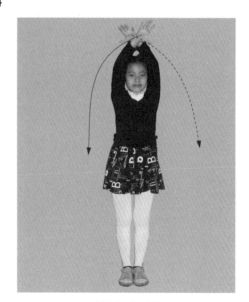

圖 1-1-15

圖 1–1–16

　　上動不停，兩掌繼續向前、向後翻轉，經兩側向下
掄擺至身體兩側，掌心向前。同時兩腿左右交替屈膝
（微屈），兩腳交替提起腳跟，配合腰胯左右擺動，身
體重心隨之左右晃動，頭部緊密配合向左右傾擺。（圖
1–1–16）

圖 1-1-17

（2）動作同（1），
唯方向相反。（圖 1-1-
17～22）

圖 1-1-18

圖 1-1-19

圖 1-1-20

圖 1-1-21

圖 1-1-22

圖 1-1-23

3. 疊被刷牙(1)洗洗臉(2)

（1）左手握空拳，食指伸出，左臂屈肘上抬，手略高於肩；同時右手握空拳，右臂屈肘上抬至胸前，肘與肩平。目視前方。（圖 1-1-23）

圖 1-1-24

　　上動不停，左手向下、向上反覆移動兩次（模仿刷牙動作），同時兩腿左右交替屈膝各兩次（微屈）。（圖 1-1-24～27）

圖 1-1-25

圖 1-1-26

圖 1-1-27

圖 1-1-28

圖 1-1-29

　　（2）兩手變掌，兩臂彎曲向裏，肘尖自然下垂，立掌，掌心向裏，掌指向上，高與額平。目視前方。

　　上動不停，兩掌在臉前向右、向左移動各兩次（模仿洗臉動作）。同時兩腳左右踏步，配合腰胯左右擺動，身體重心隨之晃動，頭部緊密配合動作向左右傾擺。（圖 1-1-28～31）

圖 1-1-30

圖 1-1-31

圖 1-1-32

圖 1-1-33

4. 運動場上(1)蹦蹦跳(2)

（1）身體直立，兩手叉腰。目視前方。（圖 1-1-32）'

上動不停，膝微屈、略下蹲。（圖 1-1-33）

圖 1–1–34　　　　　　圖 1–1–35

　　上動不停，原地蹬地併腿跳起，腳面繃平。目視前方。（圖 1–1–34）

　　原處落地成併步略蹲（圖 1–1–35）。

圖 1-1-36

圖 1-1-37

（2）動作同（1）原地蹬地併腿跳起，腳面繃平。目視前方。（圖 1-1-36）

原處落地成併步叉腰直立。（圖 1-1-37）

圖 1-1-38

5. 踢踢腿來(1)伸伸腰(2)

（1）右腿直立支撐，左腿伸直向上正踢，腳尖勾起，高同腰齊。目視前方。（圖1-1-38）

圖 1-1-39

　　（2）左腳在左側落步，兩腳距同肩寬，腳尖點地，腳跟提起成側點步。同時上體向左側屈，右掌側上舉至頭上方，扣腕亮掌隨體屈向左撐掌。目視前方。（圖 1-1-39）

圖 1-1-40　　　　　　　　圖 1-1-41

6. 做做成語(1)武術操(2)

　　（1）上體直立，左腳向右腳併攏，兩腿伸直，右掌經體側返擺至腰間成叉腰（圖 1-1-40）。左腿直立支撐，右腿伸直向上正踢，腳尖勾起，高同腰齊。目視前方。（圖 1-1-41）

圖 1-1-42

　　（2）右腳在右側落步，兩腳距同肩寬，腳尖點地，腳跟提起成側點步。同時上體向右側屈，左掌側上舉至頭上方，扣腕亮掌隨體屈向右撐直。目視前方。（圖 1-1-42）

圖 1-1-43

7. 發展德智(1)體美勞(2)

（1）左掌變拳經體側收至腰間成抱拳，同時身體向左擰轉，兩腳隨體碾轉，左腿屈膝，右腿蹬直成左弓步，右手變拳隨體轉向左前平拳沖出，力達拳面。目視前方。（圖 1-1-43）

圖 1-1-44

（2）身體向右擰轉 180°，兩腳隨體碾轉，右腿屈膝，左腿蹬直成右弓步。同時右拳收抱於右腰間，左拳隨體轉向右前平拳沖出，力達拳面。目視前方。（圖 1-1-44）

圖 1-1-45

8.練好體魄最重要

身體直立,收左腳至右腳內側併攏,成併步直立。
同時兩拳收至腰間,拳面貼抵腰間,掌心向後,拇指翹
起。目視前方。(圖 1-1-45)

圖 1-1-46

　　上動不停，左腳提起向前落步，腳尖勾起，腳跟觸地，右腿屈膝半蹲。同時兩臂屈肘上舉至兩肩前，兩拳向前伸出，直臂，略低於肩，拳面向前下，拇指上翹。目視前方。（圖 1-1-46）

　　上體左右晃動（仿誇獎動作）各一次。（圖 1-1-47、48）

圖 1-1-47

圖 1-1-48

圖 1-1-49

收　勢

　　收左腳，兩拳變掌收至大腿外側，成併步直立。
（圖 1-1-49）

圖 1-2-1

（二）段落間穿插動作圖解

歌　謠

一、二、三，三、二、一，挺挺胸部站站好，邊唱邊做實在妙！實在妙！

預備勢

併步站立。（圖 1-2-1）

圖 1-2-2

1. 一、二、三(1)三、二、一(2)

（1）兩膝微屈，上體稍向左側傾，頭向左傾擺，同時兩臂屈於胸前，兩掌在左肩前相擊，左掌在下，掌指斜向左。目視右前方向。（圖 1-2-2）

圖 1–2–3

　　兩膝微屈，上體稍向右側傾，頭向右傾擺，同時兩
臂屈於胸前，兩掌擺至右肩前相擊，右掌在下，掌指斜
向右。目視左前方向。（圖 1–2–3）

圖 1-2-4

　　兩膝微屈，上體稍向左側傾，頭向左傾擺，同時兩臂屈於胸前，兩掌擺至左肩前相擊，左掌在下，掌指斜向左。目視右前方向。（圖 1-2-4）

圖 1-2-5

（2）動作同（1），唯方向相反。（圖 1-2-5～7）

圖 1-2-6

圖 1-2-7

圖 1-2-8　　　　　　　　附圖 1-2-8

2. 挺(1)挺(2)胸(3)部(4)站(5)站(6) 好(7)

（1）接上動，頭及上體擺正，右腿直立，左腿屈膝上抬，高同腰齊。同時兩掌變拳，左拳經體側向左後直臂擺動，右拳向右前直臂擺動。目視前方。（圖1-2-8、附圖1-2-8）

圖 1-2-9　　　　　　附圖 1-2-9

（2）左腳在右腳內側落步，右腿屈膝上抬，高同腰齊。同時右拳經體側向右後直臂擺動，左拳經體側向左前直臂擺動。目視前方。（圖 1-2-9、附圖 1-2-9）

圖 1-2-10　　　　　圖 1-2-11

（3）動作同（1），唯左右相反。（圖 1-2-10）

（4）動作同（2）。（圖 1-2-11）

圖 1-2-12　　　　　　附圖 1-2-13

（5）動作同（1）。（圖 1-2-12）

（6）動作同（2）。（圖 1-2-13）

圖 1-2-14

（7）右腳在左腳內側落步成併步直立，兩拳變掌收至腰間成叉腰。（圖 1-2-14）

圖 1-2-15

3. 邊唱邊做(1)實在妙(2)！

（1）兩臂屈肘上舉，五指張開置於耳側，兩掌心向前，掌指向內。（圖 1-2-15）

圖 1-2-16

　　上動不停，前臂外旋，兩掌翻轉使掌心向後，左臂略低於肩，右臂略高於肩。同時上體稍向左屈，頭稍向左傾擺，右膝微屈。目視右上方。（圖 1-2-16）

圖 1-2-17

　　上動不停,前臂向外、向內旋轉,使兩掌向前、向後翻轉一次,右臂略低於肩,左臂略高於肩。同時上體稍向右屈,頭稍向右傾擺,左膝微屈。目視左上方。(圖 1-2-17)

　　(2)動作同(1),唯左右相反。(圖 1-2-18、19)

圖 1-2-18

圖 1-2-19

圖 1-2-20

4. 實在妙！(1) 實在妙(2)

（1）頭及上體擺正成直立。同時兩掌變拳收至腰間，拳面貼抵腰間，拳心向後，拇指翹起。目視前方。（圖 1-2-20）

圖 1-2-21

上動不停，左腳提起向前落步，腳尖勾起，腳跟觸地，右腿屈膝半蹲。同時兩臂屈肘，兩拳向上舉至兩肩前向前伸出，直臂，略低於肩，拳面向前下，拇指向上翹。目視前方。（圖 1-2-21）

圖 1-2-22

　　（2）收左腳成併步直立，同時兩拳收至腰間，拳面貼抵腰間，拳心向後，拇指翹起。目視前方。（圖1-2-22）

圖 1-2-23

　　上動不停，右腳提起向前落步，腳尖勾起，腳跟觸地，左腿屈膝半蹲。同時兩臂屈肘，兩拳向上舉至兩肩前向前伸出，直臂，略低於肩，拳面向前下，拇指向上翹。目視前方。（圖 1-2-23）

圖 1-2-24

　　收右腳，同時兩拳變掌收至大腿外側，成併步直立。（圖 1-2-24）

　　　　　　　　　　　（以上動作由莊方棱演示）

二、兒童成語武術操

(一)動作名稱

第 一 節

預備勢

1. 一柱擎天挑重擔

2. 二龍戲珠更高招

3. 三頭六臂不尋常

4. 四平八穩推不倒，推不倒

收　勢

第 二 節

預備勢

1. 五彩繽紛多神奇

2. 六出祁山志不移

3. 七十二變人難料

4. 八仙過海顯神通，顯神通

收　勢

第 三 節

預備勢

1. 九九歸一繁作簡

2. 十拿九穩樂陶陶

3. 百折不撓勇向前

4. 千錘百煉不動搖，不動搖

收　勢

第四節

預備勢

1. 萬家燈火光芒照

2. 十萬火急心不跳

3. 百萬雄師氣蓋世

4. 千千萬萬心一條，心一條

收　勢

（二）動作圖解

第 一 節

預備勢

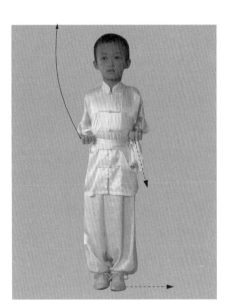

　　兩腳併立，兩臂屈肘，兩拳抱於腰間，拳心向上。目視前方。（圖 2-1-1）

圖 2-1-1

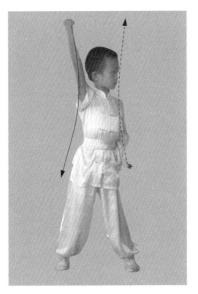 

圖 2-1-2　　　　　　　附圖 2-1-2

1. 一柱(1)擎天(2)挑重擔(3)

（1）一　柱

　　左腳側出成開立步，上體向左擰轉。同時左拳變掌隨臂內旋向左後斜下按掌，置於左腿外側後，掌心向下，掌指向前；右拳經體側向上直沖拳，拳面向上，拳心向左。目視左側方向。（圖 2-1-2、附圖 2-1-2）

圖 2-1-3　　　　　　　附圖 2-1-3

（2）擎　天

　　上體向右擰轉。同時左掌變拳經體側向上直沖拳，置於頭部左上方，拳面向上，拳心向右；右拳變掌經體側向右後下方按掌，置於右腿外側後，掌心向下，掌指向前。目視右側方向。（圖 2-1-3、附圖 2-1-3）

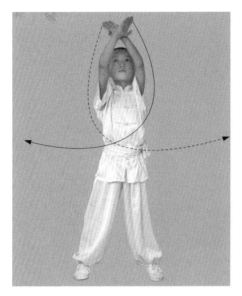

圖 2-1-4

（3）挑重擔

　　左拳變掌，右掌經體側向上畫弧，與左掌在頭上交叉成十字，右掌在前，兩掌心向前，掌指斜向上。目視兩掌。（圖 2-1-4）

圖 2-1-5

　　上動不停，身體重心下沉，兩腿屈蹲成馬步。同時
兩掌經體前向下按至腹前時，兩臂外旋，兩掌分開向兩
側弧形托起至平舉，掌心向上。目視左側方。（圖 2–
1-5）

圖 2-1-6

　　上動不停，兩腿撐直。同時兩掌變拳，兩臂向內屈肘，拳面斜向上，拳心斜向下。目視前方。（圖 2-1-6）

　　【動作要點】：

　　上沖拳和下按掌要與擰腰動作協調一致、同時完成，挺胸收腹，頸、腰、膝、肘等關節要伸展挺直，使身形顯出高大挺拔，站如蒼松的身姿。向上直沖、擺頭凝神，要給人一種頂天立地的感覺，內心要充滿大無畏的豪情壯志和勇往直前的英雄氣概，給人以信心和鼓舞。

圖 2-1-7

2. 二龍戲珠(1)更高招(2)

（1）二龍戲珠

右腳獨立支撐，左腿屈膝提起，腳面繃平，上體稍向右側傾斜。同時右拳變劍指向右上方插出，高與眉齊；左拳下落至左腰間成抱拳。目視右劍指方向。（圖2-1-7）

圖 2-1-8

（2）更高招

左腳落至右腳內側並獨立支撐，右腿屈膝提起，腳面繃平，上體稍向左側傾斜。同時左拳變劍指向左上方插出，高與眉齊；右劍指變拳收至右腰間成抱拳。目視左劍指方向。（圖 2-1-8）

【動作要點】：

提膝獨立支撐腿要直，提膝高要過腰，腳面繃平；左右動作轉換要快速靈活、節奏分明，做到眼隨手動、手到眼要到。「二龍戲珠」這一傳統的招式宛如出水的蛟龍，體現了一種目標明確、積極進取的奮鬥精神。

圖 2-1-9

3. 三頭（1）六臂（2）不（3）尋常（4）

（1）三　頭

　　右腳向右側落步，隨即重心微向右移，右腿膝屈；左腿伸直，左腳尖內扣成右弓步。同時身體向右擰轉，右拳變掌，掌心向上，右臂屈肘向上經臉前向右立圓雲轉至身體右側時前臂內旋翻掌，肘微屈，掌外撐，掌心向右，掌指斜向上；左劍指變掌向下經腹前向右上畫弧至右肩前，掌心斜向內。目視右掌。（圖 2-1-9）

圖 2-1-10

（2）六　臂

上體向左擰轉，身體重心隨之左移，左腿屈膝，右
腿蹬直成左弓步。同時左手隨體轉經臉前向左側立圓雲
轉至身體左側時內旋翻掌，肘微屈，掌外撐，掌心向
左，掌指斜向上；右掌向下經腹前向左上畫弧至左肩
前，掌心斜向內。目視左掌。（圖 2-1-10）

圖 2-1-11

（3）不

　　上體向右擰轉，兩腳隨體碾轉，兩腿屈蹲成馬步。
同時右掌經臉前向右側擺至平舉。（圖 2-1-11）

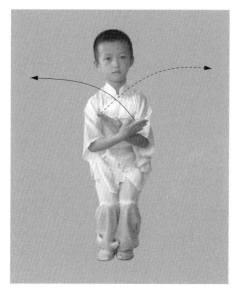

圖 2-1-12

上動不停，重心移至右腳，左腳隨之向右腳併攏成併步屈蹲。同時兩掌向下、向裏、向上弧形抄起在胸前交叉成十字手，右掌在外，兩掌心向內，掌指斜向外，上體稍向前傾。目視前方。（圖 2-1-12）

圖 2-1-13

（4）尋　常

身體直起成併步直立。同時兩掌向兩側立掌推出，高與肩平，掌心向外，掌指向上。目視前方。（圖 2-1-13）

【動作要點】：

手臂雲轉、重心移動與腰的擰轉要協調配合，雲轉要圓順，弓步與手的立圓雲轉外撐要上下相隨、同時完成，心中充滿自信與自豪。

圖 2-1-14

4. 四平八穩(1) 推不倒(2)，推不倒(3)

（1）四平八穩

兩腳蹬地向兩側分腿，兩腿屈蹲成馬步。同時兩掌收抱於腰間。目視前方。（圖 2-1-14）

圖 2-1-15

（2）推不倒

兩拳變單指手，由腰間向前用勁緩慢推出，臂與肩平，墜肘坐腕翹指。目視前方。（圖 2-1-15）

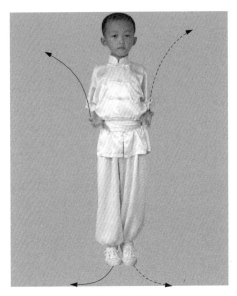

圖 2-1-16

（3）推不倒

　　兩腳蹬地跳起，兩腳內側在空中碰擊。同時兩手變掌收至腰間，屈肘，掌心向上，掌指向前。目視前方（圖 2-1-16）

圖 2-1-17

　　上動不停，兩腳分開向兩側落步，兩腿屈膝蹲成馬步。同時兩掌向兩側推出，臂與肩同高，掌心向外，掌指向上。目視前方。（圖 2-1-17）

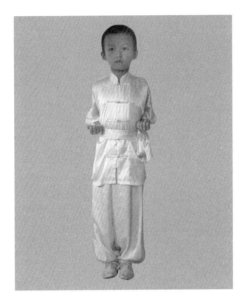

圖 2-1-18

收　勢

身體直立，左腳向右腳併攏，兩掌變拳收抱於腰間。目視前方（圖 2-1-18）

【動作要點】：

馬步要沉穩紮實，單指前推緩慢有力，兩腳躍起相碰擊要乾脆，兩側推掌有力。穩紮的馬步、緩慢推出的單指都給人以平穩厚重的感覺，猶如風吹不倒的盤根大樹和震撼不動的山嶽，體現了堅定的信念和堅強的心志是推不倒、摧不垮的。

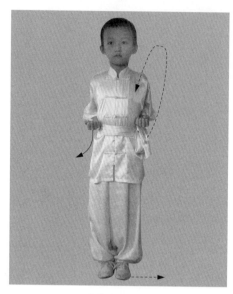

圖 2-2-1

第 二 節

預備勢

併步抱拳。（圖 2-2-1）

圖 2-2-2　　　　　　　附圖 2-2-2

1. 五彩繽紛(1)多(2)神奇(3)

（1）五彩繽紛

左腳側出成開立步。同時左拳向左側後掄擺經側上舉向體前鞭擊，拳心斜向後，拳面斜向前上，力達拳背；右拳向右側後掄擺，拳心斜向前下，拳面斜向下。目視前方。（圖 2-2-2、附圖 2-2-2）

圖 2-2-3　　　　　　　附圖 2-2-3

　　上動不停，右拳經側上舉向體前弧形鞭擊，拳心斜向後，拳面斜向前上，力達拳背；左拳向左側後掄擺，拳心斜向前下，拳面斜向下。目視前方。（圖 2-2-3、附圖 2-2-3）

圖 2-2-4

　　左拳經側上舉向體前弧形鞭擊，拳心斜向後，拳面斜向前上，力達拳背；右拳向右側後掄擺，拳心斜向前下，拳面斜向下。目視前方。（圖 2-2-4）

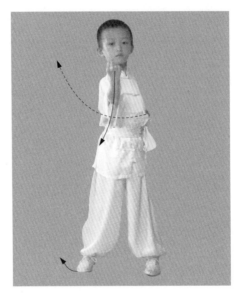

圖 2-2-5

　　上動不停，右拳經側上舉向體前弧形鞭擊，拳心斜
向後，拳面斜向前上，力達拳背；左拳向左側後掄擺，
拳心斜向前下，拳面斜向下。目視前方。（圖 2-2-5）

圖 2-2-6

（2）多

　　身體向右擰轉。右腳尖外展；左腳跟提起，前腳掌撐地成左後點步。同時右拳隨體轉收至右腰間，屈肘抱拳；左臂屈肘，左拳隨體轉經體右側向右前方弧形勾擊，力達拳面，拳與下頜齊高，拳面斜向前上，拳心斜向後。目視左拳方向。（圖 2-2-6）

圖 2-2-7

（3）神　奇

　　身體向左擰轉。兩腳隨體碾轉，左腳全腳掌著地，腳尖外展；右腳跟提起，前腳掌撐地成右後點步。同時左拳向左下收抱於腰間；右拳隨體轉向左前方弧形勾擊，力達拳面，拳與下頜齊高，拳面斜向前上，拳心斜向後。目視右拳方向。（圖 2-2-7）

【動作要點】：

　　兩臂屈肘勾拳或弧形鞭擊要與身體的擰轉及步法的碾轉協調配合。動作左右轉換快速，讓人有眼花繚亂之感，以渲染五彩繽紛的氛圍。

圖 2-2-8

2. 六出 (1) 祈山 (2) 志不移 (3)

（1）六　出

身體右轉，重心移至右腳，左腳收至右腳內側，腳尖點地，腳跟提起，兩腿屈膝半蹲成丁步。同時右拳隨體轉向右橫向鞭擊，臂與肩平，拳面向右，拳心向前，力達拳背；左拳變掌經體前擺至右肩前成立掌，掌心向右，掌指向上，上體稍右傾。目視右拳方向。（圖2-2-8）

圖 2-2-9

（2）祈　山

左腳向左移動一步，右腳提起在左腳內側用腳尖點地，兩腿屈蹲成右丁步。同時左掌變拳向左橫向鞭擊，臂與肩平，掌面向左，拳心向前，力達拳背；右拳變掌，右臂屈肘向左擺至左肩前成立掌，掌心向左，掌指向上，上體稍左傾。目視左拳方向。（圖 2-2-9）

（3）志不移

右腳向右移動一步，兩腿直起成開立步。同時左拳變掌，上舉至頭上方，右掌向下經右側弧形上擺至頭上方與左掌交叉成十字手，右掌在前，兩掌心向前，掌指斜向上。目視兩掌。（圖 2-2-10、11）

圖 2-2-10

圖 2-2-11

圖 2-2-12

　　上動不停，兩掌經體前下按至腹前變拳向兩側撐
圓，肘微屈，兩拳拳面相對，拳心向下。目視前方。
（圖 2-2-12）

【動作要點】：

　　丁步兩腿須半蹲，膝忌外展，左右擺頭要乾脆有
力，眼神與橫向鞭拳要配合，手到眼到。兩臂撐圓，兩
拳相對，肘微屈，腕背屈，做到外撐有力，立腰拔背，
體現一種堅定不移、義無反顧的信念。

圖 2-2-13

3. 七十二變 (1) 人難料 (2)

（1）七十二變

　　右腳獨立支撐，左腿屈膝提起，腳面繃平。同時兩拳變勾手，左臂屈肘，前臂外旋，左勾手向上抄起使勾尖對準肩峰，肘稍內收，肘尖下墜；右前臂內旋，直臂右勾手向右側後抄起，勾高過腰，勾尖向上，上體略向左側傾。目視左前方（圖 2-2-13）

圖 2-2-14

（2）人難料

　　左腳向起腳處回落並獨立支撐，右腿屈膝提起，腳面繃平。同時右前臂外旋，右勾手向內、向上抄起使勾尖對準肩峰，肘稍內收，肘尖下墜；左前臂內旋伸臂，左勾手向左側後抄起，勾高過腰，勾尖向上，上體略向右側傾。目視右前方。（圖 2-2-14）

【動作要點】：

　　勾手五指要捏攏，屈腕；提膝支撐腿要直，提膝腿腳面繃平。動作要靈活輕巧，平衡穩固，猶如孫大聖佇立雲端，撥雲驅霧在前探路，神情活潑頑皮，充滿童趣。

圖 2-2-15

4. 八仙(1)過海(2)顯神通(3),顯神通(4)

(1)八　仙

右腳向右側落步,左腿屈膝,右腿撐直成左弓步。同時,上體稍向左擰轉,右勾手變掌隨體轉向左前方抄起,掌與鼻齊,掌心向上,掌指向左前方;左勾手變拳收抱於左腰側。目視右掌方向。(圖 2-2-15)

圖 2-2-16

　　上動不停，上體向右擰轉，兩腳隨體轉碾轉，左腿撐直，右腿屈膝成右弓步。同時右前臂內旋，右掌翻轉上架於頭部右上方，掌心斜向上，掌指向前；左拳變掌向前伸臂插掌，掌與肩齊，掌心向上，掌指向前。目視左掌方向。（圖 2-2-16）

圖 2-2-17

（2）過　海

上體向左擰轉，兩腳隨體轉碾轉，左腿屈膝，右腿撐直成左弓步。同時左前臂內旋，左掌翻轉上架於頭部左上方，掌心斜向上，掌指向前；右掌經右腰側向前插掌，高與肩齊，掌心向上，掌指向前。目視右掌方向。（圖 2-2-17）

圖 2-2-18

（3）顯神通

　　上體向右擰轉，身體重心上提，兩腳隨體轉碾轉，兩腿撐直成開立。同時右前臂內旋上擺，在頭上方用掌背與左掌心相擊。（圖 2-2-18）

圖 2-2-19

　　上動不停，上體稍向左擰轉，兩腿屈膝半蹲成半馬步。同時兩掌向兩側下擺，左掌與肩齊高，肘微屈，掌心向上，掌指向左；右掌略高於頭，屈肘，掌心斜向上，掌指斜向右。目視左掌方向。（圖 2-2-19）

圖 2-2-20

（4）顯神通

　　重心上提並稍向左移，兩腿撐直成開立步。同時兩掌側上舉在頭上方用右掌心與左掌背相擊。（圖 2-2-20）

圖 2-2-21

　　上動不停，上體稍向右擰轉，兩腿隨體轉屈膝半蹲成半馬步。同時兩掌向兩側下擺，右掌與肩齊高，肘微屈，掌心向上，掌指向右；左掌略高於頭，屈肘，掌心斜向上，掌指斜向左。目視右掌方向。（圖 2-2-21）

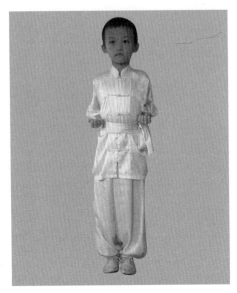

圖 2-2-22

收　勢

　　身體直立，左腳向右腳併攏，兩掌變拳收抱於腰間。目視前方。（圖 2-2-22）

【動作要點】：

　　左右弓步的轉換要配合身體的撐轉做到乾淨俐索，不拖泥帶水；插掌力達指尖；身體重心隨半馬步的左右轉換而變換，做到虛實分明；擊掌清脆響亮，分掌下蹲上下協調。整個動作要從容不迫並表現出滿懷勝利的喜悅之情。

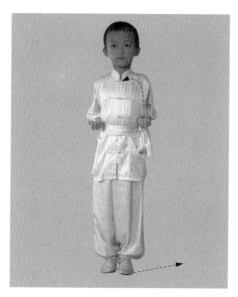

圖 2-3-1

第 三 節

預備勢

併步抱拳。（圖 2-3-1）

圖 2-3-2

1. 九(1)九(2)歸(3)一(4)繁作簡(5)

(1) 九

左腳側出成開立步，上體稍向右擰轉。同時左拳變掌向前立掌推出，力達掌根，臂與肩平，掌心向前，掌指向上。目視前方。（圖 2-3-2）

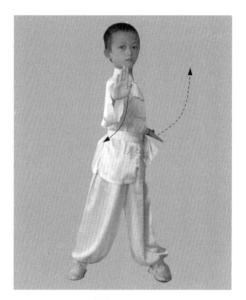

圖 2-3-3

（2）九

上體稍向左擰轉。同時左掌收於左腰間；右拳變掌向前立掌推出，力達掌根，臂與肩平，掌心向前，掌指向上。目視前方。（圖 2-3-3）

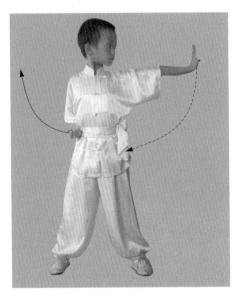

圖 2-3-4

（3）歸

　　上體略向左側傾。同時右掌變拳收抱於右腰間；左掌向左側立掌推出，力達掌根，臂與肩平，掌心向左，掌指向上。目視左掌方向。（圖 2-3-4）

圖 2-3-5

（4）一

上體略向右側傾。同時左掌變拳收抱於左腰間；右
拳變掌向右側立掌推出，力達掌根，臂與肩平，掌心向
右，掌指向上。目視右掌方向。（圖 2-3-5）

圖 2-3-6

（5）繁作簡

左拳變掌向左側平伸成側平舉，掌心向上，掌指向左；右前臂外旋，掌心向上，掌指向右。目視前方。（圖 2-3-6）

圖 2-3-7

　　上動不停，兩臂經側上舉在頭上方合掌，掌心、掌指相貼。目視兩掌。（圖 2-3-7）

圖 2-3-8

　　上動不停，兩掌合十向下經面前下沉至胸前，兩肘彎曲並向兩側撐平，兩腕背屈，掌指向上，兩肘略低於肩。目視前方。（圖 2-3-8）

　　【動作要點】：
　　推掌要撐腰、轉髖、順肩，動作連貫、簡捷快速，雙掌合十心定神凝，體現萬物歸宗、百川匯流的由表及裏的哲理。

圖 2-3-9

2. 十拿 (1) 九穩 (2) 樂 (3) 陶陶 (4)

(1) 十　拿

身體左轉，兩腳隨體轉碾轉，左腿撐直，右腳跟提起成後點步。同時左臂屈肘，左手向左側成弧形擒拿，掌同肩高，虎口張開，掌心向下，腕尺屈，掌指斜向後，肘微屈內收；右掌變拳收抱於右腰間。目視左掌方向。（圖 2-3-9）

圖 2-3-10

（2）九　穩

身體右轉，兩腳隨體轉碾轉，右腿撐直，左腳跟提起成後點步。同時左掌變拳收抱於左腰間；右拳變掌向右上方弧形擒拿，掌同肩高，虎口張開，掌心向下，腕尺屈，掌指斜向後，肘微屈內收。目視右掌方向。（圖2-3-10）

圖 2–3–11

（3）樂

身體左轉，兩腳隨體轉碾轉，左腿撐直，右腳跟提起成後點步。同時左臂屈肘向左格擋，拳同鼻齊，力達橈側，拳心向內，拳面向上；右掌變拳向右後弧形勾擊，拳高齊腰，肘微屈，拳心向後，拳面斜向下。目視左拳方向。（圖 2–3–11）

圖 2-3-12

（4）陶　陶

身體右轉，兩腳隨體轉碾轉，右腿撐直，左腳跟提起成後點步。同時左前臂內旋，以肘為支點向下、向後弧形勾擊，拳高齊腰，肘微屈，拳心向後，拳面斜向下；右拳以肘為支點向右上方弧形格擋，拳高與鼻齊，力達橈側，拳心向內，拳面向上。目視右拳方向。（圖2-3-12）

【動作要點】：

左右擒手與後點步要上下相隨，協調一致，擒手要靈活快捷，勾擊要短促有力，整體動作要表現一種信心十足、穩操勝券的豪情壯志。

圖 2-3-13

3. 百折不撓 (1) 勇向前 (2)

（1）百折不撓

右腿屈膝半蹲，左腳跟提起腳面繃平，腳尖在右腳內側點地成丁步。同時兩掌收至腰間，屈肘抱拳。（圖 2-3-13）

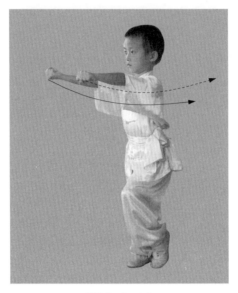

圖 2-3-14

　　上動不停，左前臂內旋，拳心向下，與右拳同時伸出經右前方向左弧形平擺至左腰際，左拳抱於左腰間，右拳置於左腰前，拳心向上，拳面向左。同時左腳原地震腳，右腳收扣於左膝後。目視前方。（圖 2-3-14～16）

圖 2-3-15

圖 2-3-16

圖 2-3-17

附圖 2-3-17

上動不停，右腳向前上步，腳稍內扣，左腳向前跟步，兩腿屈膝蹲成三角四方步。同時兩拳立拳向前撞出，力達拳面，右拳同肩高，左拳齊胸，兩拳上下相對。目視前方。（圖 2-3-17、附圖 2-3-17）

圖 2-3-18

（2）勇向前

重心移至左腳，左腿屈膝半蹲，右腳收至左腳內側，腳面繃平，腳尖點地成丁步。同時兩拳收至腰間，屈肘抱拳。（圖 2-3-18）

圖 2-3-19

　　上動不停，右前臂內旋，拳心向下，與左拳同時伸出經左前方向右弧形平擺至右腰際，右拳抱於右腰間，左拳置於右腰前，拳心向上，拳面向右。同時右腳原地震腳，左腳收扣於右膝後。目視前方。（圖2-3-19～21）

圖 2-3-20

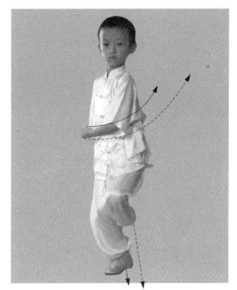

圖 2-3-21

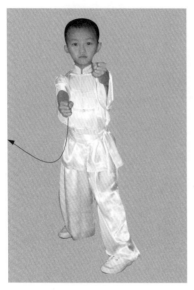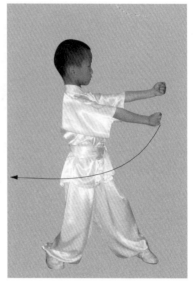

圖 2-3-22　　　　　　　附圖 2-3-22

　　上動不停，左腳向前上步，腳稍內扣，右腳向前跟步，兩腿屈膝蹲成三角四方步。同時兩拳立拳向前撞出，力達拳面，左拳同肩高，右拳齊胸，兩拳上下相對。目視前方。（圖 2-3-22、附圖 2-3-22）

【動作要點】：

　　兩拳平掄圓活，震腳乾脆有力，雙撞拳要蓄勁而後發，左右兩式動作連貫，要充分表現出排除萬難、勇往直前，爭取最後勝利的不可動搖的決心。

圖 2-3-23　　　　　　圖 2-3-24

4. 千錘(1)百煉(2)不動搖(3)不動搖(4)

（1）千　錘

　　身體左轉，重心移至左腳，右腳提起在左腳內側震腳，兩腿成併步屈膝半蹲。同時右前臂外旋向下、向後、向上再向體前屈肘下砸，右拳心向內，拳面斜向前上；左拳變掌，前臂外旋屈肘內收，左掌心向內，掌指向右上，用掌心在腹前迎擊右拳背。目視前方。（圖2-3-23、24）

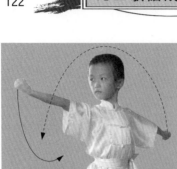

圖 2-3-25　　　　　　圖 2-3-26

（2）百　煉

　　身體右轉，右腳向右前上步，身體重心移至右腳，左腳提起在右腳內側震腳，兩腿成併步屈膝半蹲。同時右拳隨體轉經頭上方向右、向下成立圓掄擺，右拳變掌，屈肘內收，掌心向內，掌指向左上，用掌心在腹前迎擊左拳背；左掌變拳隨即上舉向體前外旋屈肘下砸，左拳心向內，拳面斜向前上。目視前方。（圖 2-3-25、26）

圖 2-3-27

（3）不動搖

　　左腳向左後撤出一大步，重心左移，左腿屈膝，右腿撐直成左弓步。同時左拳收抱於左腰間；右臂屈肘，右掌變拳隨體轉向體前盤肘，肘尖向前，臂與肩同高，力達肘尖。目視前方。（圖 2-3-27）

圖 2-3-28

（4）不動搖

上體向右擰轉，重心右移，右腿屈膝，左腿撐直成右弓步。同時右拳收抱於右腰間；左臂屈肘隨體轉向體前盤肘，肘尖向前，臂與肩同高，力達肘尖。目視前方。（圖2-3-28）

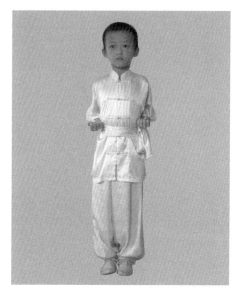

圖 2-3-29

收　勢

身體直立，右腳向左腳併攏，兩拳收抱於腰間。目視前方。（圖 2-3-29）

【動作要點】：

掄擺拳時腰部要靈活擰轉，並以腰為軸，帶動兩臂立圓掄擺；震腳全腳掌著地，要與砸拳同時作響；弓步盤肘時，蹬腿、轉胯、擰腰協調一致，盤肘力點明確。震腳砸拳要有氣勢，象徵歷經錘煉；弓步盤肘要乾脆有力，腰、胯協調用力，力達肘尖，象徵意志堅定。

圖 2-4-1

第四節

預備勢

併步抱拳。（圖 2-4-1）

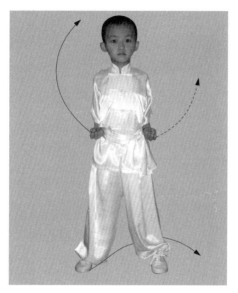

圖 2-4-2

1. 萬家燈火 (1) 光芒照 (2)

（1）萬家燈火

左腳側出半步，右腳提起經左腳後向左後插步，前腳掌撐地，腳跟提起；左腿屈膝半蹲。同時上體稍向左擰轉並稍向左傾，左拳向左側立拳沖出，臂與肩平，拳眼向上，力達拳面；右拳變掌經體側上舉至頭部右上方抖腕亮掌，掌心向上，掌指向左。目視左側方。（圖2-4-2、3）

（2）光芒照

右腳提起向右側落步，左腳提起經右腳後向右後插

圖 2-4-3

步，前腳掌撐地，腳跟提起；右腿屈膝半蹲。同時上體稍向右擰轉並稍向右傾，右掌變拳經體側下擺至右腰間後向右立拳沖出，臂與肩平，拳眼向上，力達拳面；左拳收抱於左腰間，然後變掌上舉至頭部左上方抖腕亮掌，掌心向上，掌指向右。目視右側方。（圖 2-4-4、5）

【動作要點】：

插步的方位要準確，沖拳、亮掌與插步要同時完成。亮掌沖拳恰似燈火高懸，插步撐腰更顯風姿綽綽，用愉悅的心情來完成動作更能顯出一派欣欣向榮的景象。

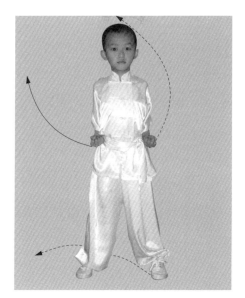

圖 2-4-4

圖 2-3-5

圖 2-4-6

2. 十(1)萬(2)火(3)急(4)心(5)不(6)跳(7)

（1）十

左腳向左側邁步，兩腿撐直成開立步。同時左掌變拳收至左腰間後向前立拳沖出，右拳收抱於右腰間。目視前方。（圖 2-4-6、7）

（2）萬

左拳收抱於左腰間，右拳同時向前立拳沖出，力達拳面。目視前方。（圖 2-4-8）

圖 2-4-7

圖 2-3-8

圖 2-4-9

（3）火

　　左腿膝微屈並獨立支撐；右腿屈膝提起，腳尖勾起向前蹬踢，力達腳跟。同時右拳收抱於右腰間，左拳向前立拳沖出，力達拳面。目視前方。（圖 2-4-9）

圖 2-4-10

（4）急

右腳向起腿處回落，兩腿撐直成開立步。同時左拳收抱於左腰間，右拳向前立拳沖出，力達拳面。目視前方。（圖 2-4-10）

圖 2-4-11

（5）心

右拳收抱於右腰間，左拳同時向前立拳沖出，力達拳面。目視前方。（圖 2-4-11）

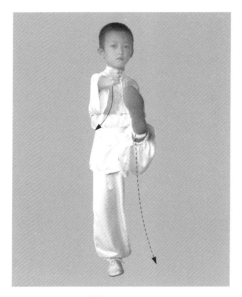

圖 2-4-12

（6）不

右腿微屈膝並獨立支撐；左腿屈膝提起，腳尖勾起向前蹬踢，力達腳跟。同時左拳收抱於左腰間，右拳向前立拳沖出，力達拳面。目視前方。（圖 2-4-12）

圖 2-4-13

（7）跳

左腳向起腿處回落，兩腿撐直成開立步。同時右拳收抱於右腰間，左拳向前立拳沖出，力達拳面。目視前方。（圖 2-4-13）

【動作要點】：

沖拳要快速急促，蹬踢屈伸要明顯並與沖拳同時完成。密集的沖拳與蹬踢顯得形勢逼人，清晰而有規律的動作節奏體現了鎮定自若、臨危不亂的胸襟。

圖 2-4-14

3. 百萬(1)雄師(2)氣(3)蓋世(4)

（1）百　萬

　　身體左轉，左腳隨體轉腳尖外撇並獨立支撐，右腳提起在左腳內側震腳，兩腳併立，屈膝並蹲。同時右拳經體右側後向上掄起至頭右上方時前臂外旋屈肘向下、向體前滾砸，拳同肩高，力達前臂外側，拳心向內，拳面斜向上；左拳收抱於左腰間。目視右拳方向。（圖2-4-14）

圖 2-4-15

（2）雄　師

　　身體右轉，右腳隨體轉向右後撤步，腳尖外撇並獨
立支撐，左腳提起在右腳內側震腳，兩腳併立，屈膝半
蹲。同時右拳向上、向後成立圓掄擺至右腰間成屈肘抱
拳；左拳隨體轉向上掄擺至側上舉時屈肘向下、向體前
滾砸，拳同肩高，力達前臂外側，拳心向內，拳面斜向
上。目視左拳方向。（圖 2-4-15）

圖 2-4-16

（3）氣

左腳向左後撤步，左腿撐直，右腿屈膝成右橫襠步。同時左臂屈肘，左拳向下栽拳，置於右腿內側；右臂屈肘，右拳上架於頭部右上方。目視左前方向。（圖2-4-16）

圖 2-4-17

（4）蓋　世

　　重心左移，兩腳隨體轉碾轉，左腿屈膝，右腿撐直
成左橫襠步。同時身體向左擰轉，右拳順勢經體前下栽
拳置於左腿內側；左前臂內旋經體前上架於頭左前上
方。目視右前方向。（圖 2-4-17）

　　【動作要點】：

　　震腳全腳掌著地，做到落地有聲，滾砸要旋臂沉
肘，下栽拳要垂直下沉，上架要有撐勁。動作弧度較大
的掄擺滾砸和踩地有聲的震腳動作可營造磅礴的氣勢，
「伏虎勢」有氣吞如虎的英雄氣概。

圖 2-4-18

4. 千千(1) 萬萬(2) 心一條(3)，心一條(4)

（1）千　千

身體向右擰轉，重心移至左腳，左腳尖稍內扣，左腿屈膝略蹲，右腳隨轉體內收半步，腳尖點地，腳跟提起成高虛步。同時左拳向下經腰間向前立拳沖出，力達拳面，拳同額高；右拳變掌收置左肩前成立掌，掌指向上，掌心向左。目視左拳方向。（圖 2-4-18）

圖 2-4-19

（2）萬　萬

　　右腳收至左腳內側，兩腿成併步屈蹲。右掌變拳與
左拳同時收抱於腰間。（圖 2-4-19）

圖 2-4-20

　　上動不停，重心移至右腳，身體向左擰轉，左腳提起向左前方上步，腳面繃平，腳跟提起，腳尖點地，右腿微屈蹲成高虛步。同時右拳向前立拳沖出，力達拳面，拳同額高；左拳變掌，左臂屈肘經體前上擺至右肩前成立掌，掌指向上，掌心向右。目視右拳方向。（圖2-4-20）

圖 2-4-21

（3）心一條

身體向右轉正，左腳向左後撤步，兩腿直立成開立步。同時右拳變掌上舉與左掌上舉至頭上方成交叉，右掌在前，掌心向前，掌指斜向上。目視兩掌。（圖 2-4-21）

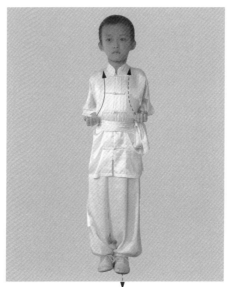

圖 2-4-22

　　上動不停，收左腳成併步，同時兩掌經兩側下擺至腰間變拳成屈肘抱拳。（圖 2-4-22）

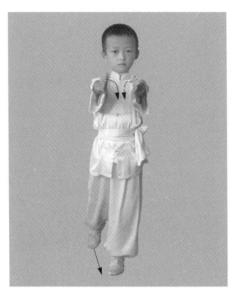

圖 2-4-23

（4）心一條

左腳向前上步，兩拳變掌同時向前擺至前平舉，兩掌心相對，兩掌指向前。（圖 2-4-23）

收　勢

上動不停，右腳隨即向左腳內側上步，兩腳併立。同時右掌變拳，兩臂屈肘內收至胸前相抱後稍向前推（左指根線與右拳棱相齊），高與胸齊，行抱拳禮。目視前方。（圖 2-4-24）

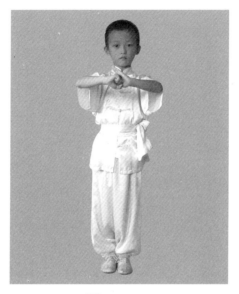

圖 2-4-24

【動作要點】：

　　該動作的虛步可略高，但要做到前虛後實、虛實分明，上體稍後仰；併步抱拳和行抱拳禮不僅要乾淨俐落、精神抖擻，而且內心要充滿團結友愛、互幫互助的協作精神。在傳統武術中把抱拳禮喻為五湖四海皆兄弟，以此來作為團結一致的象徵。

（以上動作由邱長鑫演示）

(三)學練方法和要求

　　《兒童歌謠・成語武術操》是《中國功夫操》系列之一。經多年的教學推廣，以及對香港警署子女夏令營和菲律賓漢文化學習班的短期培訓，都收到了很好的社會效益，深受國內外師生的歡迎。在教學實踐中，我們摸索總結了以下幾種學練方法和要求，供大家在學練中參考。

　　1.從成語教學入手，使兒童熟讀並背誦成語

　　《兒童歌謠・成語武術操》學練的第一步，就是要求學生在熟讀和背誦成語的基礎上，理解和掌握成語的含義，然後採用一種邊唱邊做、載歌練武的鍛鍊方法以達到練習的目的。

　　武術操形體動作的編排是依據成語內容所表達的含義而設計的，因此，要先教會兒童背誦成語，後再進行形體教學，這樣就能收到事半功倍的學練效果。

　　2.必須嚴格按照既定的節拍熟讀和背誦成語。

　　《兒童歌謠・成語武術操》動作節奏的變化是根據歌謠的朗誦節奏和音節的強弱進行編排的，三者必須做到相互呼應、協調一致。

　　在學練中要結合字、詞、音節和動作先進行分解學練，後再進行完整練習，達到熟練掌握。

3. 用淺顯易懂的語言和一些成語故事幫助兒童熟悉理解成語，激發兒童的學練興趣，達到既鍛鍊身體又學文化的雙重教學目的。透過成語和武術結合的教學，旨在向兒童傳播漢文化知識和武術文化知識，使他們從小培養自信自強、積極向上的精神氣質和活潑豐富的想像能力以及表達能力。

對成語含義熟悉和理解得越深刻，其動作就能表現得越生動、準確和富有內涵。此外，成語武術操還能拓展兒童的想像空間和激發兒童的表現欲望。

4. 要結合武術基本功法和攻防技術進行學練，重視對兒童攻防意識的培養，對有些攻防性較強的動作，要做示範講解，這樣既可以提高兒童習武的興趣，又可以使兒童對武術特有的運動形式有所感悟。

5. 在學練中，既要做到武術教學的規範化和動作的規格化，又要重視武德教育，注意思想意識方面的培養，達到神形兼備的要求和德、智、體、美全面發展的目的。

在具體教學中，神與形可以有所側重，一些複雜動作，如「七十二變人難料」的提膝抄手動作，要求提膝過腰、勾手上抄對肩峰和反抄手臂過腰，對兒童來說有一定的難度，可先引導學生如何去表現孫悟空頑皮、聰敏、勇敢、靈巧的種種個性，努力做到神似，動作不很

準確也無大礙。

　　類似這種動作，應大膽鼓勵學生做得活潑誇張一些，甚至可以讓他們儘量發揮自己的聰明才智，創新出更好的表達方式，這樣更有助於兒童的個性發展。當然對兒童力所能及的簡單動作，如武術的基本手型、手法、步型、步法、身型則要嚴格要求，準確規範。

導引養生功

1 疏筋壯骨功＋VCD
定價350元

2 導引保健功＋VCD
定價350元

3 頤身九段錦＋VCD
定價350元

4 九九還童功＋VCD
定價350元

5 舒心平血功＋VCD
定價350元

6 益氣養肺功＋VCD
定價350元

7 養生太極扇＋VCD
定價350元

8 養生太極棒＋VCD
定價350元

9 導引養生形體詩韻＋VCD
定價350元

10 四十九式經絡動功＋VCD
定價350元

張廣德養生著作　每冊定價350元

全系列為彩色圖解附教學光碟

輕鬆學武術

1 二十四式太極拳＋VCD
定價250元

2 四十二式太極拳＋VCD
定價250元

3 八式十六式太極拳＋VCD
定價250元

4 三十二式太極劍＋VCD
定價250元

5 四十二式太極劍＋VCD
定價250元

6 二十八式木蘭拳＋VCD
定價250元

7 三十八式木蘭扇＋VCD
定價250元

8 四十八式太極劍＋VCD
定價250元

彩色圖解太極武術

1 太極功夫扇

定價220元

2 武當太極劍

定價220元

3 楊式太極劍

定價220元

4 楊式太極刀

定價220元

5 二十四式太極拳＋VCD

定價350元

6 三十二式太極劍＋VCD

定價350元

7 四十二式太極劍＋VCD

定價350元

8 四十二式太極拳＋VCD

定價350元

9 楊式十八式太極劍

定價350元

10 楊氏二十八式太極拳＋VCD

定價350元

11 楊式太極拳四十式＋VCD

定價350元

12 陳式太極拳五十六式＋VCD

定價350元

13 吳式太極拳五十六式＋VCD

定價350元

14 精簡陳式太極拳八式十六式

定價220元

15 精簡吳式太極拳三十六式 拳架・推手

定價220元

16 夕陽美功夫扇

定價220元

17 綜合四十八式太極拳＋VCD

定價350元

18 三十二式太極拳 四段

定價220元

19 楊式三十七式太極拳＋VCD

定價350元

20 楊氏五十一式太極劍＋VCD

定價350元

21 嫡傳楊家太極拳精練二十八式

定價220元

22 嫡傳楊家太極劍五十一式

定價220元

23 嫡傳楊家太極刀十三式

定價220元

1 醫療養生氣功　定價250元
2 中國氣功圖譜　定價250元
3 少林醫療氣功精粹　定價250元
4 龍形實用氣功　定價220元
5 魚戲增視強身氣功　定價220元
6 道家玄牝氣功　定價200元

7 仙家秘傳祛病功　定價160元
8 少林十大健身功　定價180元
9 中國自控氣功　定價250元
10 醫療防癌氣功　定價250元
11 醫療強身氣功　定價250元
12 醫療點穴氣功　定價250元

14 中國八卦如意功　定價180元
15 正宗馬禮堂養氣功　定價420元
16 秘傳道家筋經內丹功　定價300元
17 三元開慧功　定價250元
18 防癌治癌新氣功　定價180元
19 禪定與佛家氣功修煉　定價200元

20 顛倒之術　定價360元
21 簡明氣功辭典　定價360元
22 八卦三合功　定價230元
23 朱砂掌健身養生功　定價250元
24 抗老功　定價230元
25 意氣按穴排濁自療法　定價250元

27 健身祛病小功法　定價200元
28 張氏太極混元功　定價250元
30 中國少林禪密功　定價200元
31 郭林新氣功　定價400元
32 八卦之源與健身養生　定價280元
33 現代原始氣功1　定價400元

34 養生開脈太極　定價300元
35 通靈功—養生祛病及入門功法　定價300元
37 太極內功養生法　定價180元
38 無極養生氣功　定價200元
39 氣的實踐小周天健康法　定價200元
40 達摩易筋經　定價350元

太極跤

1 太極防身術
定價300元

2 擒拿術
定價280元

3 中國式摔角
定價350元

簡化太極拳

1 陳式太極拳十三式
定價200元

2 楊式太極拳十三式
定價200元

3 吳式太極拳十三式
定價200元

4 武式太極拳十三式
定價200元

5 孫式太極拳十三式
定價200元

6 趙堡太極拳十三式
定價200元

原地太極拳

1 原地綜合太極二十四式
定價220元

2 原地活步太極四十二式
定價200元

3 原地簡化太極拳二十四式
定價200元

4 原地太極拳十二式
定價200元

5 原地青少年太極拳二十二式
定價220元

6 原地兒童太極拳十捶十六式
定價180元

健康加油站

1 糖尿病預防與治療

定價200元

2 胃部機能與強健

定價180元

3 不孕症治療

定價200元

4 簡易醫學急救法

定價200元

5 肥胖健康診療

定價200元

6 肝功能健康診療

定價200元

7 高血壓健康診療

定價200元

8 高血糖值健康診療

定價200元

9 尿酸值健康診療

定價200元

10 膽固醇中性脂肪健康診療

定價200元

11 痛風劇痛消除法

定價180元

12 三溫暖健康法

定價180元

13 手‧腳病理按摩

定價180元

14 B型肝炎預防與治療

定價180元

15 吃得更漂亮、健康

定價180元

16 茶使您更健康

定價180元

17 圖解常見疾病運動療法

定價180元

18 科學健身改變亞健康

定價180元

19 簡易萬病自療保健

定價220元

20 王朝秘藥媚酒

定價180元

21 立見實效保健操

定價180元

22 越吃越幸福

定價200元

23 荷爾蒙與健康

定價180元

24 越吃越長壽

定價200元

25 自我保健鍛鍊

定價180元

26 斷食促進健康

定價180元

27 蔬菜健康法

定價200元

28 水果健康法

定價200元

29 越吃越苗條

定價200元

30 越吃越聰明

定價200元

31 全方位健康藥草

定價200元

32 人體記憶地圖

定價350元

33 提升免疫力戰勝癌症

定價280元

34 腎臟病預防與治療

定價230元

運動精進叢書

1 怎樣跑得快
定價200元

2 怎樣投得遠
定價180元

3 怎樣跳得遠
定價180元

4 怎樣跳得高
定價180元

5 高爾夫揮桿原理
定價220元

6 網球技巧圖解
定價220元

7 排球技巧圖解
定價230元

8 沙灘排球技巧圖解
定價230元

9 撞球技巧圖解
定價230元

10 籃球技巧圖解
定價220元

11 足球技巧圖解
定價230元

12 羽毛球技巧圖解
定價220元

13 乒乓球技巧圖解
定價220元

14 曲線球與飛碟球
定價300元

15 街頭花式籃球
定價280元

16 精彩高爾夫
定價330元

17 巴西青少年足球訓練方法
定價230元

18 籃球個人技術全圖解+VCD
定價300元

19 門球（槌球）入門與提升180問
定價230元

20 美國青少年籃球訓練方式250例
定價280元

21 單板滑雪技巧圖解+VCD
定價350元

快樂健美站

 1 柔力健身球　定價280元

 2 自行車健康享瘦　定價280元

 3 跑步鍛鍊走路減肥　定價280元

 4 創造健康的肌力訓練　定價220元

 5 舒適超級伸展體操　定價280元

 6 水中有氧運動　定價280元

 7 雕塑完美身材　定價280元

 8 創造超級兒童　定價280元

 9 使頭腦變聰明　定價280元

 10 防止老化的身體改造訓練　定價280元

 11 三個月塑身計畫　定價280元

 12 懶人族瑜伽　定價280元

 13 忙裡偷閒練瑜伽養生篇　定價240元

 14 忙裡偷閒練瑜伽祛病養生篇　定價240元

 15 健身跑激發身體的潛能　定價200元

 16 中華鐵球健身操　定價180元

 17 彼拉提斯健身寶典　定價280元

 18 全身保健操＋VCD　定價280元

 19 瑜伽美姿美容　定價180元

 20 豐胸做自信女人　定價200元

 21 輕鬆瑜伽治百病　定價280元

 22 瑜伽秀體小品　定價280元

 23 熱舞瘦身小品　定價280元

 24 整形打造美麗　定價250元

25 排毒頻譜33式熱瑜伽　定價350元

常見病藥膳調養叢書

1 脂肪肝
脂肪肝四季飲食
定價200元

2 高血壓
高血壓四季飲食
定價200元

3 慢性腎炎
慢性腎炎四季飲食
定價200元

4 高脂血症
高脂血症四季飲食
定價200元

5 慢性胃炎
慢性胃炎四季飲食
定價200元

6 糖尿病
糖尿病四季飲食
定價200元

7 癌症
癌症四季飲食
定價200元

8 痛風
痛風四季飲食
定價200元

9 肝炎
肝炎四季飲食
定價200元

10 肥胖症
肥胖症四季飲食
定價200元

11 膽囊炎、膽石症
膽囊炎、膽石症四季飲食
定價200元

傳統民俗療法

1 神奇刀療法
定價200元

2 神奇拍打療法
定價200元

3 神奇拔罐療法
定價200元

4 神奇艾灸療法
定價200元

5 神奇貼敷療法
定價200元

6 神奇薰洗療法
定價200元

7 神奇耳穴療法
定價200元

8 神奇指針療法
定價200元

9 神奇藥酒療法
定價200元

10 神奇藥茶療法
定價200元

11 神奇推拿療法
定價200元

12 神奇止痛療法
定價200元

13 神奇天然藥食物療法
定價200元

14 神奇新穴療法
定價200元

15 神奇小針刀療法
定價200元

16 神奇刮痧療法
定價200元

17 神奇氣功療法
定價200元

品冠文化出版社

休閒保健叢書

1 瘦身保健按摩術
定價200元

2 顏面美容保健按摩術
定價200元

3 足部保健按摩術
定價200元

4 養生保健按摩術
定價280元

5 頭部穴道保健術
定價180元

6 健身醫療運動處方
定價230元

7 實用美容美體點穴術
定價350元

8 中外保健按摩技法全集＋VCD
定價550元

9 中醫三補養生神補食補藥補
定價300元

圍棋輕鬆學

1 圍棋六日通
定價160元

2 布局的對策
定價250元

3 定石的運用
定價280元

4 死活的要點
定價250元

5 中盤的妙手
定價300元

6 收官的技巧
定價250元

7 中國名手名局賞析
定價300元

8 日韓名手名局賞析
定價330元

9 圍棋石室藏機
定價250元

10 圍棋不傳之道
定價250元

11 圍棋出藍秘譜
定價250元

12 圍棋敲山震虎
定價280元

13 圍棋送佛歸殿
定價280元

象棋輕鬆學

1 象棋開局精要
定價280元

2 象棋開局薈萃
定價280元

3 象棋殘局精粹
定價280元

4 象棋精巧短局
定價280元

國家圖書館出版品預行編目資料

兒童歌謠成語武術操 / 莊昔聰 著
——初版，——臺北市，大展，2009〔民98.09〕
面；21公分 ——（運動遊戲；15）
ISBN 978-957-468-703-9（平裝）

1.武術　2.體操　3.中國

528.97　　　　　　　　　　　　　　98012041

兒童歌謠成語武術操

著　　者/莊昔聰

責任編輯/李彩玲

發 行 人/蔡森明

出 版 者/大展出版社有限公司

社　　址/台北市北投區（石牌）致遠一路2段12巷1號

電　　話/（02）28236031・28236033・28233123

傳　　眞/（02）28272069

郵政劃撥/01669551

網　　址/www.dah-jaan.com.tw

E - mail / service@dah-jaan.com.tw

登 記 證/局版臺業字第2171號

承 印 者/傳興印刷有限公司

裝　　訂/建鑫裝訂有限公司

排 版 者/弘益電腦排版有限公司

授 權 者/北京人民體育出版社

初版1刷/2009年（民98年）9月

定　價/180元

大展好書　好書大展
品嘗好書　冠群可期